まちごとチャイナ

Hong Kong 005 Kowlooncity

九龍城と九龍郊外

香港人の生活が息づく「路上」

Asia City Guide Production

【白地図】香港

CHINA
香港

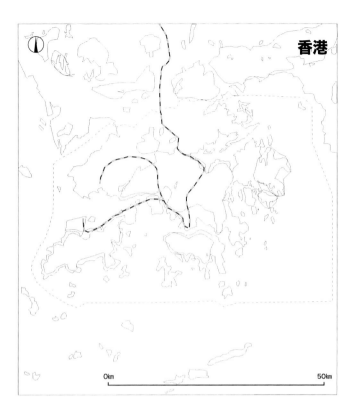

【白地図】九龍郊外

CHINA
香港

九龍郊外

Kowlooncity

白地図

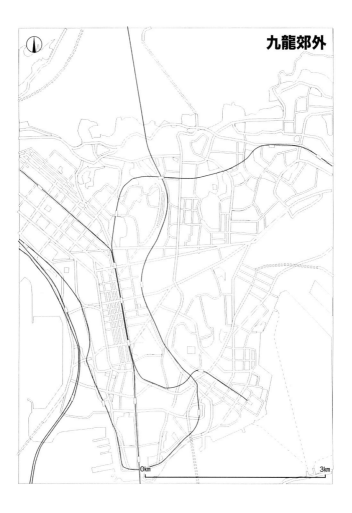

【白地図】サムスイポー深水埗

CHINA
香港

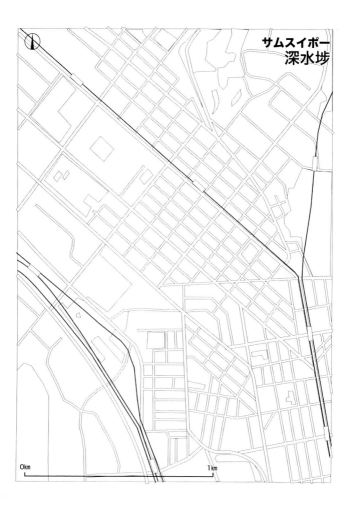

**サムスイポー
深水埗**

Kowlooncity

白地図

【白地図】クーロン・シティ九龍城

CHINA
香港

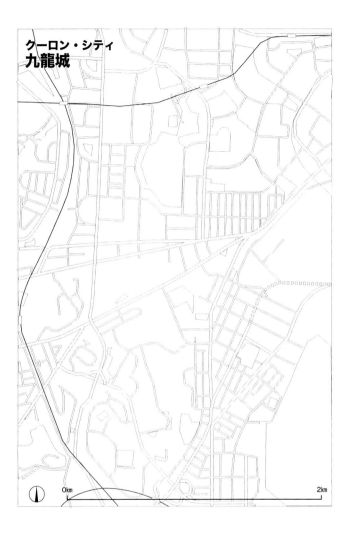

【白地図】九龍寨城公園

CHINA
香港

Kowlooncity

白地図

【白地図】ウォンタイシンミュウ黄大仙廟

CHINA
香港

**ウォンタイシンミュウ
黄大仙廟**

Kowlooncity 白地図

【白地図】クゥントン觀塘

CHINA
香港

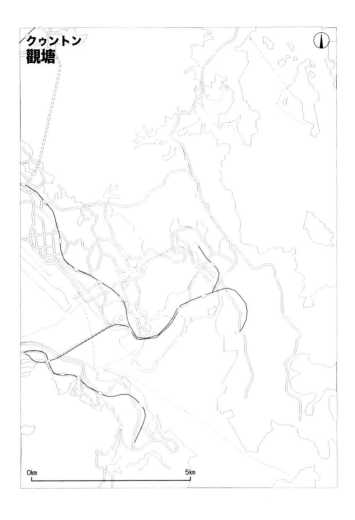

【白地図】レイユームン鯉魚門

CHINA
香港

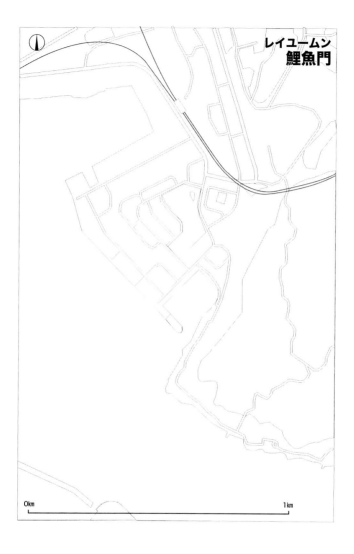

【まちごとチャイナ】
香港 001 はじめての香港
香港 002 中環と香港島北岸
香港 003 上環と香港島南岸
香港 004 尖沙咀と九龍市街
香港 005 九龍城と九龍郊外
香港 006 新界
香港 007 ランタオ島と島嶼部

CHINA
香港

九龍市街から界限街北に続く地域には、深水埗や九龍城、黄大仙といった香港庶民の生活が息づく街が点在する。これら九龍郊外の土地は、20世紀なかごろから尖沙咀や旺角の土地が埋め尽くされたことで、開発されるようになった。

「香港人はいない」と言われることがあったように、流入した難民が香港に住み着くということが度重なり、それらの人々は街の原動力となってきた。その象徴でもあったのが、魔窟と恐れられた九龍城で、そこではイギリスと中国双方の法律

Kowloon City
クーロン・シティ

香港人の生活が息づく「路上」

がおよばない治外法権地帯となっていた(1997年の香港返還前にとり壊された)。

また1949年の中華人民共和国成立後、風水師や宗教の活動が限られた中国に対して、イギリスの植民地であったゆえに香港ではその伝統が続くことになった。香港最大の道教寺院である黄大仙では巨大な渦を描く線香や、道端の占い師が見られ、古くから続く中国の伝統が息づいている。

【まちごとチャイナ】
香港 005 九龍城と九龍郊外

目次

九龍城と九龍郊外 …………………………………………xviii

香港を原体験する路上へ …………………………………xxiv

深水埗城市案内 ……………………………………………xxxv

九龍城城市案内 ……………………………………………xlvii

黃大仙城市案内 ……………………………………………lxv

黃大仙信仰の高まり ………………………………………lxxi

觀塘城市案内 ………………………………………………lxxvii

難民が生んだ混沌文化 ……………………………………lxxxix

【MEMO】

【地図】香港

【地図】香港の [★★★]
- [ ] 黄大仙 Wong Tai Sin ウォンタイシン

【地図】香港の [★★☆]
- [ ] 鯉魚門 Lei Yue Mun レイユームン

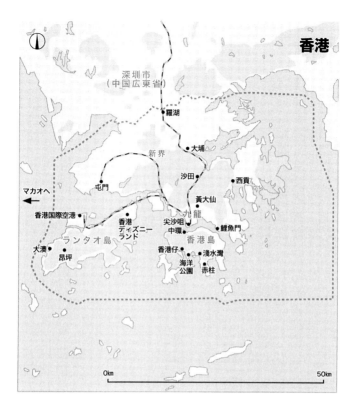

香港を原体験する路上へ

CHINA
香港

仕事や富を求めて香港に流入してきた人々
深水埗や九龍城など九龍市街の外側に暮らし
香港人ならではの生活模様が広がっている

流入する香港史

19世紀にイギリスの植民都市となる以前、この地にはほとんど何もなく、香港は仕事や富を求める人、また中国本土で起こる戦乱から逃れるようにして流入してきた人々の手で発展してきた。一番最初の居住者は、今も新界に暮らす客家の人々だとされ、宋代の11世紀ごろに客家の集落が新界につくられた（戦乱の中原を逃れてきた）。その後、1842年に香港島の割譲が決まると、上環や灣仔に中国人街が形成され、また1851年に起こった太平天国の乱、1937年の盧溝橋事件以降の日中戦争などを機に香港の人口は増え続けた（1941

年に日本とイギリスが開戦するまでこの地は比較的安全だった)。こうした避難所としての性格は戦後も続き、1949年、中国共産党による中華人民共和国が建国されると、上海などの資本家がイギリス領香港に逃れ、また20世紀後半まで経済発展を続ける豊かなこの街に中国側からの密入国者が絶えなかった(それらの人々が香港の労働力をになった)。

▲左 かつて香港を象徴する世界があった九龍城。　▲右 香港らしさを残す深水埗

風水のメッカ

古来、中国では大地や自然を生命体と見なし、人間はどのようにそれらに向かえば家や一族が繁栄できるか、と考えられてきた。風水では、龍脈と呼ばれる大地の気の流れを重視し、それを生活に生かすことを目標とする（崑崙山脈に湧いた龍脈は大きく3つにわかれて東進し、そこから中国各地に行き渡る）。また龍脈から流れてきた気がたまるところを龍穴と呼び、そこに街や家、墓を築けば家や一族が繁栄するという。この風水や民間信仰の道教は、1949年に成立した新中国では、迷信とされることがあったが、イギリス領香港では風水

【MEMO】

CHINA
香港

の伝統が続き、人々は何よりも風水を大切にしている。香港では占い師や風水師が道端にいて、結婚、家の購入から身につけるアクセサリー、家具の配置まで、あらゆる場面で風水が登場する。こうした状況は中国本土よりも香港、台湾、韓国、沖縄などで見ることができる。

▲左　香港随一の道教寺院、黄大仙廟。　▲右　鯉魚門では新鮮な魚も食べられる

香港人と蛇料理

深水埗はじめ香港の路上では、三蛇、五蛇といった看板とともに、数種類のヘビを煮込んだスープを扱う店が目につく（三蛇は3種類のヘビ、五蛇は5種類のヘビが入っている）。小さなヘビでもよいダシがとれると言われ、酒に入れて飲むと神経痛や関節炎にも効果があるなど、ヘビは広東人の好む食材となっている（また漢方にもよく使用される）。広東料理で使われるヘビは100種類以上とも言われ、冬眠前の養分をたくわえる時期にとくに食される。

【地図】九龍郊外

【地図】九龍郊外の［★★★］
- ☐ 深水埗 Sham Shui Po サムスイポー
- ☐ 九龍城 Kowloon City クーロン・シティ
- ☐ 黃大仙 Wong Tai Sin ウォンタイシン

【地図】九龍郊外の［★★☆］
- ☐ 黃大仙廟 Wong Tai Sin Temple ウォンタイシンミュウ

【地図】九龍郊外の［★☆☆］
- ☐ 界限街 Boundary Street バウンダリー・ストリート
- ☐ 李鄭屋漢墓博物館 Lei Cheng Uk Han Tomb Museum レイチェンオッハン・タンブ・ミュージアム
- ☐ 石硤尾 Shek Kip Mei セッキプメイ
- ☐ 新九龍 New Kowloon ニュー・クーロン
- ☐ 九龍塘 Kowloon Tong クーロン・トン
- ☐ 獅子山 Lion Rock ライオン・ロック
- ☐ 南蓮園池 Nan Lian Garden ナンリャン・ガーデン

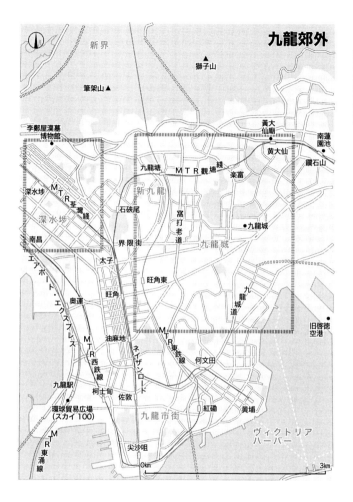

【MEMO】

【MEMO】

【MEMO】

CHINA
香港

Guide,
Sham Shui Po
深水埗
城市案内

九龍市街北西部に位置する深水埗
埗とは埠頭のことで、「深い水の埠頭」を意味する
香港らしい雑踏が広がっている

深水埗 Sham Shui Po サムスイポー [★★★]

電気街やおもちゃ問屋、衣料品卸し店などが通りの両脇にならび、そこをあふれるばかりの人が行き交う深水埗。このあたりは長らく昂船洲の対岸に位置する入江に過ぎなかったが、中国本土が国共内戦で混乱するなか、難民が九龍半島に押し寄せ、人々はバラックを建てこの地に住み着いた。こうした歴史から、深水埗には混沌、雑踏といった雰囲気が今でも残り、香港庶民の生活を支える店が多く集まっている。

【地図】サムスイポー深水埗

【地図】サムスイポー深水埗の [★★★]
- [ ] 深水埗 Sham Shui Po サムスイポー

【地図】サムスイポー深水埗の [★★☆]
- [ ] 鴨寮街 Apliu Street アプリウガイ

【地図】サムスイポー深水埗の [★☆☆]
- [ ] 西九龍中心 Dragon Centre ドラゴン・センター
- [ ] 界限街 Boundary Street バウンダリー・ストリート
- [ ] 李鄭屋漢墓博物館 Lei Cheng Uk Han Tomb Museum レイチェンオッハン・タンブ・ミュージアム
- [ ] 石硤尾 Shek Kip Mei セッキプメイ

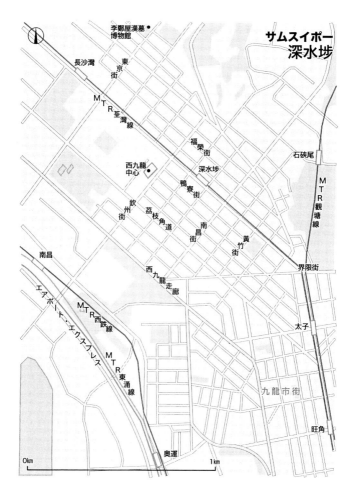

▲左　香港庶民の集まる店がならぶ、燒鵝大皇前にて。　▲右　電気街としても知られる深水埗

鴨寮街 Apliu Street アプリウガイ ［★★☆］

パソコンや携帯電話、家電製品の販売店がならぶ鴨寮街。テレビやオーディオ、白物家電を扱う高登電脳中心などの量販店から、電気コードやコンセント、アダプタといった部品を扱う小さな店までが軒を連ねる。また偽ブランド、コピー商品なども目につく。

【MEMO】

CHINA
香港

深水埗の問屋街

深水埗は香港庶民が集まる街として知られている。生地を選んで買う生地問屋、洋服問屋がならぶ黄竹街や、おもちゃ問屋が多い福榮街。こうした深水埗にも開発の波が押し寄せ、街は変貌を遂げようとしている。

西九龍中心 Dragon Centre ドラゴン・センター ［★☆☆］

深水埗中心部に立つ巨大ショッピングセンター、西九龍中心。吹き抜けになっている巨大な空間のなかには、遊戯施設も見られる。

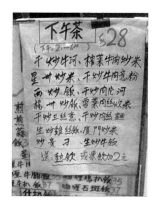 

▲左　手書きで書かれた看板、繁体字は香港ならではのもの。　▲右　にぎやかな店構えの玩具店、深水埗にて

界限街 Boundary Street バウンダリー・ストリート [★☆☆]

太子の北、深水埗の南東を東西に走る界限街。ここはイギリス領時代、九龍と新界の境であった場所で、ちょうど九龍と新界の境になってきた（九龍は、1860年の北京条約でイギリスに割譲されたが、1898年に界限街以北も99年の「租借」をされて新界となった）。

CHINA
香港

李鄭屋漢墓博物館 Lei Cheng Uk Han Tomb Museum
レイチェンオッハン・タンブ・ミュージアム ［★☆☆］

1〜2世紀ごろの後漢時代の漢族の李鄭屋墓とその埋葬品が展示された李鄭屋漢墓博物館。1955年、深水埗のアパート建設中に発見され、黄河中流域からすれば「南方の蛮地」と見られていたこの地域にも漢族の入植が進んでいたことが証明された（当時、華南は百越の地とされ、原住民である越族が暮らしていた）。「香港考古学史上、最大の発見」と言われ、イギリスの植民都市として発展してきた香港の歴史を書き換えるほど注目された。

▲左　中国各地の料理が食べられるのも香港の魅力、川味とは四川料理のこと。　▲右　かつてイギリス領と中国領の境だった界限街

石硤尾 Shek Kip Mei セッキプメイ ［★☆☆］

九龍北の住宅街、石硤尾。国共内戦のさなかのおり、難民が多く流入し、その住処となった場所で、それらの人々は工場労働などに従事していた（香港製の造花である香港フラワーは、かつて世界的に知られていた）。1953年、ここで発生した火災では、密集して暮らす5万人以上の被災者を出し、公共住宅の計画が推進されるようになった。

CHINA
香港

昂船洲 Stonecutter Island ストーン・カッター島 [★☆☆]

昂船洲はもともと九龍半島の沖に浮かぶ島だったが、埋め立てが進み、現在では九龍半島とつながっている。この島は先に割譲された香港島に続いて、1860年の北京条約で九龍半島先端部とともに割譲されたという歴史をもち、収容所とともにイギリス海軍の基地がおかれていた（他の島嶼部は新界として、1898年に租借された）。1997年の香港返還以後、イギリス軍に代わって人民解放軍の海軍が駐屯している。

【MEMO】

Guide, Kowloon City
九龍城城市案内

魔窟として恐れられた九龍城
現在はとり壊されて公園が広がり
地元の人が通う料理店がならぶ

新九龍 New Kowloon ニュー・クーロン [★☆☆]

新九龍は、九龍市街の北側に開発された地域。界限街の北側は、正式には九龍（1860年の北京条約で割譲された）ではなく、新界（1898年に租借された）に属するが、九龍市街から獅子山まで同じように街並みが続いているため、便宜的に九龍（新九龍）と見なされる。

九龍塘 Kowloon Tong クーロン・トン [★☆☆]

九竜半島先端の尖沙咀から新界に向かったちょうど一本筋のところに位置する九龍塘。九廣鐵路（東鐵綫）と觀塘綫が交

【地図】クーロン・シティ九龍城

【地図】クーロン・シティ九龍城の [★★★]
- [ ] 九龍城 Kowloon City クーロン・シティ

【地図】クーロン・シティ九龍城の [★★☆]
- [ ] 九龍寨城公園 Kowloon Walled City Park クーロン・ウォールドシティ・パーク

【地図】クーロン・シティ九龍城の [★☆☆]
- [ ] 新九龍 New Kowloon ニュー・クーロン
- [ ] 九龍塘 Kowloon Tong クーロン・トン
- [ ] 新蒲崗 San Po Kong サンポーゴン
- [ ] 宋皇臺公園 Sung Wong Toi Garden サンウォントイ公園

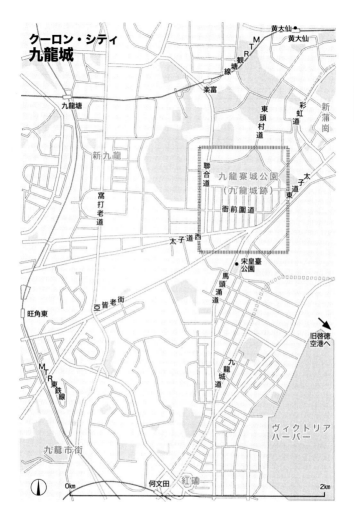

【地図】九龍寨城公園

【地図】九龍寨城公園の [★★★]
- [ ] 九龍城 Kowloon City クーロン・シティ

【地図】九龍寨城公園の [★★☆]
- [ ] 九龍寨城公園 Kowloon Walled City Park クーロン・ウォールドシティ・パーク

【MEMO】

【MEMO】

わり、北には獅子山が見え、静かな街並みが広がる（近くに啓徳空港があったことから、低層住宅が多いのも特徴）。大学が複数あることからもこの地域の教育水準は高く、富裕層が多く暮らしている。

九龍城 Kowloon City クーロン・シティ［★★★］
かつてここには香港へ逃げてきた大量の難民が住み着き、麻薬の売買が行なわれるアヘン窟、香港マフィア、免許をもたない歯医者などが跋扈し、香港の闇を象徴した九龍城があった。1898年、イギリスによる新界の租借が決まったが、清

▲左　高級住宅街となっている新九龍。　▲右　黒ずんだビルとエアコン、これが香港という風景

朝は出先機関のあった九龍城の施政権だけは譲らず、イギリス領のなかで法の届かない治外法権の場所となった。しかしその後、清朝の役人がここを離れたことから、九龍城は空白地帯（事実上の無法地帯）となり、魔窟として恐れられていた。香港の中国返還を数年後にひかえた 1993 年にとり壊しがはじまり、今では公園になっていて、中国庭園や衙門などが残っている。またこのあたりは潮州系の人々が多く暮らし、各種料理店や食材店がならんでいる。

CHINA
香港

踊るタイ語

九龍城の商店街ではタイ料理店やタイ語の看板が見え、リトル・タイとも言える光景が広がっている。これはもともと九龍城に、広東人のなかでもマイノリティの潮州人(福建省に近く、文化や言葉で広東省ではなく福建省に近い)が多く暮らしていたことに関係し、清代から潮州人はタイ米を中国へ輸出するタイ華僑となったことで知られていた。華僑としてタイに渡った潮州人は、中国ではなく香港に戻り、同郷人が集住する九龍城界隈に住み着いた。潮州人のなかにはタイ語を話し、タイ人の妻をめとった者も多く見られる(バンコク

▲左 人々が憩う健康的な公園になった。 ▲右 九龍寨城公園の敷地内にて

のチャイナ・タウンには潮州人が多く暮らす)。

九龍寨城公園 Kowloon Walled City Park
クーロン・ウォールドシティ・パーク [★★☆]

20世紀末まで魔窟と恐れられていた九龍城をとり壊した跡地につくられた九龍塞城公園。なかには江南様式の庭園が広がるほか、清朝時代を彷彿とさせる城壁やパゴタが残る。九龍城のかつての様子を伝える展示も見られる。

CHINA
香港

魔窟、九龍城の歴史

宋代、九龍城のあたりではこの地方の塩田の管理が行なわれていたと伝えられる。時代がくだった17世紀、清朝は香港界隈の海賊をとり締まる目的で、ここに城門をもつ砲台を整備した。香港がイギリス領になったあとも九龍城だけは、(名目上) 清朝の支配が続いたことから、九龍城は誰もが手を出すことのできない無法地帯と化した (また第二次大戦時、香港に侵入した日本軍が啓徳空港建設のために九龍城の城壁を石材に転用するということがあった)。20世紀なかごろから、ペンシルビルが競うように建てられ、魔窟と恐れられたが、

▲左 かつての九龍城、魔窟と恐れられた。　▲右　野菜や肉などの食材が見える香港の路地

香港返還前の1993年にとり壊された。

在りし日の九龍城

100 × 200m ほどからなる7900坪弱の土地に、300 〜 500棟のビルが、密集して立ちならんでいた九龍城(昔の香港国際空港である啓徳空港に近いことから建物の高さの制限があり、10 〜 14階建てだった)。建物はバラックで歪に増築され、いくつもの電線が無秩序にたれる様子、排水が垂れ流され、ドブネズミが徘徊する様子、ときに殺人が行なわれ、麻薬が平然と売買される様子はスラム街そのものだったという。中

CHINA
香港

国でもなく、イギリス領香港でもないといった立場から、ここは闇医師（香港では中国の医師免許が通用しない）、闇食料品工場（衛生管理法が適用されない）が営業し、九龍城内に3万人もの人が暮らしていた。

啓徳空港の風景

かつて九龍市街地にあった啓徳空港は、「世界でもっとも着陸の難しい空港」だと言われた。ビルとビルの谷間のぎりぎりのところを飛行機が着陸態勢に入り、ごう音とともに見える巨大な飛行機は、香港の有名な光景のひとつだった。ラン

▲左　路地に突き出した看板が香港らしさを感じさせる。　▲右　九龍城界隈には潮州人が多く暮らす

タオ島の沖に新たな香港国際空港がつくられ、1998年に啓徳空港はその役目を終えた。それを受けて、九龍半島市街部のビルの高さ制限もなくなり、この地域にも超高層ビルが建つようになった。

新蒲崗 San Po Kong サンポーゴン [★☆☆]

新蒲崗は旧啓徳空港の北側に位置する工業地帯。ここは香港の製造業を支えてきた街で、1967年、イギリス資本に対する暴動がここから起こり、香港中に拡大したという歴史もある（当時、中国本土では文化大革命の嵐が吹きあれていた）。

20世紀なかごろまで、香港では工業労働につく人々の割合が高かったが、現在では産業構造は変化している。

宋皇臺公園
Sung Wong Toi Garden サンウォントイ公園 [★☆☆]
旧啓徳空港そばに位置し、宋代の開封（北宋の都）の街並みが復元された宋皇臺公園。その総面積は5500㎡におよび、宋代の鎧をつけた門番、皇帝の蝋人形などが展示されている。この公園は、13世紀、モンゴル族の侵入で南宋の都臨安が陥落し、幼帝とその臣下が福建省から広東省、香港近くまで

逃れてきたという史実にちなんで整備された。宋やその皇帝をしのんで「宋皇臺」と記された石碑が見られる。

獅子山 Lion Rock ライオン・ロック [★☆☆]
九龍半島先端の尖沙咀からネイザン・ロードを北上し、その延長上に突きあたる地点にそびえる獅子山。1頭のライオンが山頂に伏せているように見えるところからこの名前がつけられた。周囲は人気のトレッキング・コースとなっている。標高495m。

Guide, Wong Tai Sin
黄大仙城市案内

黄大仙廟は香港でもっとも有名な道教寺院
この地域の名前も黄大仙廟からとられている
高層ビル群が立つなか参拝に訪れる人が見られる

黄大仙 Wong Tai Sin ウォンタイシン［★★★］

九龍城の北側、獅子山や大老山といった山々に囲まれるように位置する黄大仙。ここには香港でもっとも信仰を集める道教寺院、黄大仙廟があり、香港中から年間300万人とも言われる参拝客が訪れている。もともとこの道教寺院は香港からほど近い広州近く（広東省）におかれていたが、1915年、香港に移転してきた。近現代、文化大革命を通じて中国本土では、宗教が弾圧を受けることが多かったが、イギリス領であったがゆえに香港ではその伝統が続くことになった。黄大仙廟では線香を買って参拝する人々が絶えず、この廟の主尊

【地図】ウォンタイシンミュウ黄大仙廟

【地図】ウォンタイシンミュウ黄大仙廟の [★★★]
- ☐ 黄大仙 Wong Tai Sin ウォンタイシン

【地図】ウォンタイシンミュウ黄大仙廟の [★★☆]
- ☐ 黄大仙廟 Wong Tai Sin Temple ウォンタイシンミュウ

ウォンタイシンミュウ
黄大仙廟

黄大仙城市案内

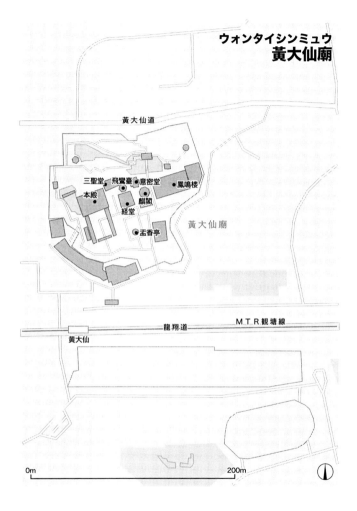

▲左　極彩色に彩られた本殿、北京の故宮と同じ黄色の瑠璃瓦。　▲右　高層ビル群の麓に広がる黄大仙廟

である仙人、赤松子はこの地区全体の守り神となっている。

黄大仙廟
Wong Tai Sin Temple ウォンタイシンミュウ [★★☆]

黄色の瑠璃瓦でふかれた屋根や極彩色で彩られた本殿など、中国の伝統的な建築様式が見られる黄大仙廟。線香の香りが立ちこめており、道教の神様、黄大仙がまつられている（中国では、道教の神様が描かれた絵を家に飾って守り神とする習慣があり、この廟の本殿に黄大仙の絵がかけられている）。この神様はもともと19世紀に成立した嗇色園という教団に

【MEMO】

▲左 南蓮園池の石組み、中国式庭園。 ▲右 黄金色の楼閣が立つ南蓮園池

信仰されていたが、ご利益の高さから香港中の人から参拝を受けるようになった。敷地内には「三教同源承服（三教とは儒教、道教、仏教の中国三大宗教）」と記された碑が見られるほか、おみくじをひいて運だめしをする人々の姿もある。

南蓮園池 Nan Lian Garden ナンリャン・ガーデン [★☆☆]
南蓮園池は、九龍城北西の鑽石山に位置する巨大な公園。敷地内には中国式の庭園が広がり、公園中央には金色の圓満閣が立っている。

黄大仙信仰の高まり

儒教、仏教とならぶ中国の三大宗教のひとつ、道教
不老長寿や神仙思想といった中国人の精神性が反映され
関羽や媽祖など実在の人物が神様としてとりこまれている

黄大仙とは

道教の神様、黄大仙は赤松子とも言い、4世紀の浙江丹渓に起源をもつ。羊飼いの少年黄初平が放牧を行なっていたある日、赤松子という仙人に出会い、5000日間にわたる修行を経て、金華山で仙人（黄大仙）になったという。そのため金華山界隈（浙江省）で信仰を集める神様だったが、明代ごろから広東でも信仰されるようになったと考えられる。中国では1919〜22年の国民党による迷信打破運動、新中国成立後の宗教弾圧があったが、イギリス領であったがゆえに、香港では道教の伝統が続いている。

CHINA
香港

羅浮山から広東へ

広州の東に位置する羅浮山は、古くから道教の聖地として知られ、数多くの道士を輩出してきた。羅浮山で修行した道士のなかでは下山して広東各地に道観を建て、この地方の風土にあった道教が説かれていた（羅浮山沖虚観は全真教の一派であることから、広東省では呂洞賓信仰が多く見られる）。こうした道教集団は、富豪や薬商の庇護を受けることが多く、嗇色園を創立した梁仁庵も薬商の家に生まれ、豊富な薬の知識を有していた。中国では、人々の願望や願いに応えるといったことが宗教に求められ、不老不死、商売成功など人々の思

▲左 お守り、占いなど道教独特の世界がある。 ▲右 牌楼をくぐると本殿、毎日、多くの参拝者が訪れる

いに応える神様が信仰を集めた。

教団のはじまり

黄大仙廟の歴史は、19世紀、嗇色園の創立者である梁仁庵が黄大仙という神仙からお告げを受けたことにはじまる。1861年、広州近くの西樵山の薬商の家に生まれた梁仁庵は、中国税関の事務官となったが、1894年にこの地方を襲ったペストの流行を機にシャーマニズム的な宗教（嗇色園）をはじめるようになった（このときのペストで、北里柴三郎が香港に派遣され、ペスト菌を発見している）。1897年に番禺県

CHINA
香港

▲左　霊力をもった神獣の像がならぶ。　▲右　黄大仙廟にてご利益を願う人々

番山に黄大仙壇が設立され、梁仁庵は薬の調合の知識を有していたこともあり、社会不安に応えるように信者を増やしていった。その後、梁仁庵は1915年に香港へ渡り、灣仔の住宅の一室で黄大仙をまつった。1921年、黄大仙の啓示を受けた梁仁庵は獅子山麓の竹園村に黄大仙廟をつくったことで現在の廟の基礎ができ、やがてご利益の高さから香港中の人々に信仰されるようになった。

【MEMO】

Guide, Kwun Tong
觀塘城市案内

九龍半島東側に広がる觀塘
香港島とのあいだがもっともせまる鯉魚門には
新鮮な海鮮料理を出す店が軒を連ねる

觀塘 Kwun Tong クゥントン ［★☆☆］

觀塘は九龍半島市街から東に位置する工業地帯。ヴィクトリア・ハーバーをはさんだ対岸には、香港島の北角が見える。20世紀なかごろ、国共内戦などにともなって福建人が多く難民として流入し、この地に暮らすようになった。かつてあった旧啓徳空港の滑走路の先端部分がここにあった。

油塘 Yau Tong ヤウタン ［★☆☆］

油塘は鯉魚門への足がかりになる街。油塘駅は觀塘綫と将軍澳綫のターミナルになっているため、九龍市街、ヴィクトリ

【地図】クゥントン觀塘

【地図】クゥントン觀塘の ［★★☆］
- ☐ 鯉魚門 Lei Yue Mun レイユームン

【地図】クゥントン觀塘の ［★☆☆］
- ☐ 觀塘 Kwun Tong クゥントン
- ☐ 油塘 Yau Tong ヤウタン
- ☐ 調景嶺 Pennie's Mill Village ティウケンレン
- ☐ 將軍澳 Tseung Kwan O ジェンクワンオー
- ☐ 佛堂洲 Junk Island ジャンク島
- ☐ 清水灣 Clear Water Bay クリア・ウォーター・ベイ

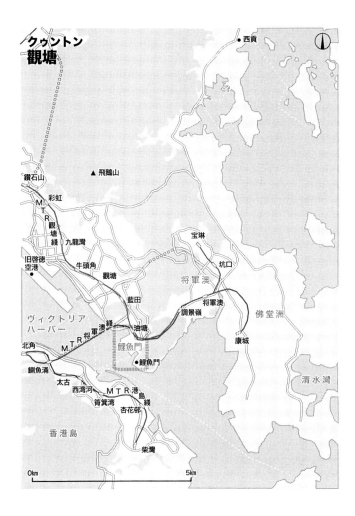

【地図】レイユームン鯉魚門

【地図】レイユームン鯉魚門の [★★☆]
- [ ] 鯉魚門 Lei Yue Mun レイユームン

【地図】レイユームン鯉魚門の [★☆☆]
- [ ] 油塘 Yau Tong ヤウタン
- [ ] 海傍道 Hoi Pong Street ホイポン・ストリート
- [ ] 天后廟 Tin Hau Temple ティンハンミュウ

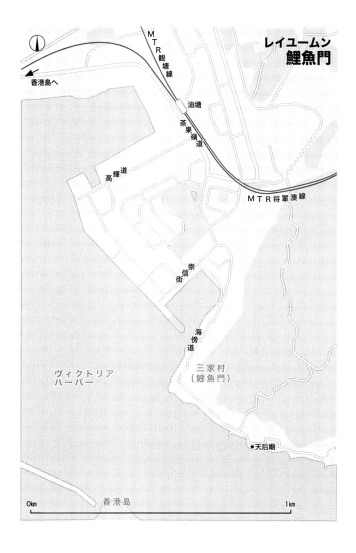

▲左　鯉魚門の海傍道、海鮮料理店がならぶ。　▲右　鯉魚門からのぞむヴィクトリア・ハーバー

ア・ハーバーをはさんで香港島の双方への路線が走っている。

鯉魚門 Lei Yue Mun レイユームン [★★☆]

香港島と九龍半島東部のはざま、ヴィクトリア・ハーバーがもっとも狭まったところに位置する鯉魚門。もともと鯉魚門には小さな漁村（三家村）があるに過ぎなかったが、新鮮な魚介類が味わえることで知られるようになった。あたりには小さな船が停泊していて、今でも漁村の趣を残している。海防上の要衝であることから、かつて対岸の筲箕湾にはイギリス軍の駐屯する鯉魚門城塞が築かれていた（現海防博物館）。

【MEMO】

CHINA
香港

海傍道 Hoi Pong Street ホイポン・ストリート ［★☆☆］

鯉魚門の港に沿うように海鮮料理店がずらりとならぶ海傍道。ここでは生きたままの魚介類が見られ、市場で買った新鮮な魚をそのまま調理してもらうことができる。この通りの突きあたりには天后廟が立つ。

天后廟 Tin Hau Temple ティンハンミュウ ［★☆☆］

鯉魚門の港の先に立つ小さな天后廟。1753年に建造された歴史をもち、「海の守り神」媽祖がまつられている。かつて、このあたりは水上生活者が暮らしていたところで、ちょうど

▲左　生きたまま魚介類が売られている。　▲右　三家村の港には漁船がいくつも浮かんでいる

対岸にあたる筲箕湾は、19世紀のイギリス到来以前は香港でも有数の集落があるところだった。

調景嶺 Pennie's Mill Village ティウケンレン　[★☆☆]

九龍半島東部の岬に位置する調景嶺。かつて国民党支持者の暮らす集落があったことで知られ、1997年の香港の中国返還までここは小台湾と呼ばれていた（国共内戦で共産党に敗れ、その多くは台湾に逃れたが、一部がイギリス領香港にとどまった）。10月10日の双十節（中華民国の建国記念日）には青天白日旗がはためく光景が見られたが、香港が中国に返

還される1997年までに、国民党支持者は台湾などに移住した。

將軍澳 Tseung Kwan O ジェンクワンオー［★☆☆］
あたりの山を削り、海を埋め立ててできたニュータウン、將軍澳（土地の限られた香港ではこのような方法や住居の高さをとることで居住空間を拡大させてきた）。香港島と九龍市街へMTRが続いている。

佛堂洲 Junk Island ジャンク島［★☆☆］
佛堂洲は、もともと半島とは分離した島だったが、埋め立て

▲左 海の守り神媽祖をまつる天后廟、鯉魚門にて。　▲右 鯉魚門で見た看板、すべて漢字で記されている

が進み、九龍半島と陸続きになった。この佛堂洲からは港を行き交う船が見られ、東側からヴィクトリア・ハーバーに入る玄関口となってきた。

清水灣 Clear Water Bay クリア・ウォーター・ベイ［★☆☆］
九龍半島の東の先、外海に面した清水灣は、透明度の高さで知られている。周辺は清水湾郊野公園として整備され、手つかずの自然が保存されている。また美しいビーチとともに大自然のなか楽しめるゴルフ場もある。

難民が
生んだ
混沌文化

九龍市街をとり囲む扇のように広がる九龍郊外
香港は中国とイギリスという
ふたつの国のはざまで揺れ動いてきた歴史をもつ

香港目指して

1949年、中華人民共和国が成立すると、共産党支配を避けるように資本家や知識人が香港に亡命してきた。これらの資本家は資本主義体制の香港で新たに商売をはじめ、また亡命してきた知識人は南下文化人と呼ばれ、香港文化の発展に貢献することになった。一方、20世紀の香港の飛躍的な発展から、中国と香港の豊かさには大きな差があり、中国深圳からの密航者が絶えなかった。密航者は九龍の市街地まで入ることができれば、香港の居住権を獲得できるという決まりがあり、彼らもまた労働力として香港の発展を担うことになっ

▲左　実演販売が見られた、深水埗にて。　▲右　五蛇とは5種類のヘビを煮込んだスープのこと

た（鄧小平による改革開放を受けて、1980年に深圳に経済特区がおかれたのは、香港に隣接していたことが理由）。

香港、もうひとつの顔

「金融センター」「コンパクトシティ」が香港の表の顔だとすれば、「金さえ払えばなんでもまかり通る」「政治のコントロールが効きづらい」といった裏の顔ももつと言われる。皇帝による強い権力が行使されてきた中国では、『水滸伝』に代表される「庶民の味方としてのならず者」が民衆の支持を集めてきた。地縁や血縁で庶民が結びついて秘密結社化し、「革

【MEMO】

CHINA
香港

命の父」孫文も秘密結社興中会の協力を得ていたことが知られる。歴史を見れば、五斗米道、百蓮教、大平天国の乱などはそういった力の現れだと言われ、中国の民衆と秘密結社は非常に複雑な関係で成り立っているという。

国共内戦と香港

日中戦争、第二次大戦中も続いていた蒋介石の国民党と毛沢東の共産党による国共内戦は戦後も続き、多くの戦争難民を生んだ。香港はその受け皿となり、毎日のように難民が流入することになった。イギリス領の香港では、中国本土の共産

▲左　すっかり生まれ変わった九龍城。　▲右　食事、談笑、夜遅くまで人々の営みは続く

党と台湾の国民党という双方の支持者が暮らし、両党の代理戦争がここで行なわれていた。そのもっとも有名なのが、中華人民共和国と台湾（中華民国）というそれぞれの建国記念日（10月1日の国慶節と10月10日の双十節）にそれぞれの旗を掲揚するというもので、その旗の数が競われる様子はかつての香港の風物詩でもあった。また1945年に日本軍が撤退した後、香港の主権を回復したイギリスは、軍事上の理由から中華人民共和国を西側諸国で一番早く承認している（1971年まで国連の代表権は中華人民共和国ではなく、蒋介石の中華民国にあった）。

参考文献

『香港』(中嶋嶺雄 / 時事通信社)

『近代中国のシャーマニズムと道教』(志賀市子 / 勉誠出版)

『道教史』(窪徳忠 / 山川出版社)

『大図解九龍城』(九竜城探検隊 / 岩波書店)

『転がる香港に苔は生えない』(星野博美 / 情報センター出版局)

『中国の黒社会』(石田収 / 講談社)

『世界大百科事典』(平凡社)

[PDF] 香港空港案内 http://machigotopub.com/pdf/hongkongairport.pdf

[PDF] 香港 MTR(地下鉄)路線図 http://machigotopub.com/pdf/hongkongmetro.pdf

[PDF] 地下鉄で「香港めぐり」 http://machigotopub.com/pdf/metrowalkhongkong.pdf

[PDF] 香港トラム路線図 http://machigotopub.com/pdf/hongkongtram.pdf

[PDF] 香港軽鉄路線図 http://machigotopub.com/pdf/hongkonglrt.pdf

まちごとパブリッシングの旅行ガイド
Machigoto INDIA , Machigoto ASIA , Machigoto CHINA

【北インド - まちごとインド】

001 はじめての北インド
002 はじめてのデリー
003 オールド・デリー
004 ニュー・デリー
005 南デリー
012 アーグラ
013 ファテープル・シークリー
014 バラナシ
015 サールナート
022 カージュラホ
032 アムリトサル

【西インド - まちごとインド】

001 はじめてのラジャスタン
002 ジャイプル
003 ジョードプル
004 ジャイサルメール
005 ウダイプル
006 アジメール(プシュカル)
007 ビカネール
008 シェカワティ
011 はじめてのマハラシュトラ
012 ムンバイ
013 プネー
014 アウランガバード
015 エローラ
016 アジャンタ
021 はじめてのグジャラート
022 アーメダバード
023 ヴァドダラー(チャンパネール)
024 ブジ(カッチ地方)

【東インド - まちごとインド】

002 コルカタ
012 ブッダガヤ

【南インド - まちごとインド】

001 はじめてのタミルナードゥ
002 チェンナイ
003 カーンチプラム
004 マハーバリプラム
005 タンジャヴール
006 クンバコナムとカーヴェリー・デルタ
007 ティルチラパッリ
008 マドゥライ
009 ラーメシュワラム
010 カニャークマリ
021 はじめてのケーララ
022 ティルヴァナンタプラム
023 バックウォーター(コッラム〜アラップーザ)
024 コーチ(コーチン)
025 トリシュール

【ネパール - まちごとアジア】

001 はじめてのカトマンズ
002 カトマンズ
003 スワヤンブナート

004 パタン
005 バクタプル
006 ポカラ
007 ルンビニ
008 チトワン国立公園

【バングラデシュ - まちごとアジア】

001 はじめてのバングラデシュ
002 ダッカ
003 バゲルハット（クルナ）
004 シュンドルボン
005 プティア
006 モハスタン（ボグラ）
007 パハルプール

【パキスタン - まちごとアジア】

002 フンザ
003 ギルギット（KKH）
004 ラホール
005 ハラッパ
006 ムルタン

【イラン - まちごとアジア】

001 はじめてのイラン
002 テヘラン
003 イスファハン
004 シーラーズ
005 ペルセポリス
006 パサルガダエ（ナグシェ・ロスタム）
007 ヤズド
008 チョガ・ザンビル（アフヴァーズ）
009 タブリーズ

010 アルダビール

【北京 - まちごとチャイナ】

001 はじめての北京
002 故宮（天安門広場）
003 胡同と旧皇城
004 天壇と旧崇文区
005 瑠璃廠と旧宣武区
006 王府井と市街東部
007 北京動物園と市街西部
008 頤和園と西山
009 盧溝橋と周口店
010 万里の長城と明十三陵

【天津 - まちごとチャイナ】

001 はじめての天津
002 天津市街
003 浜海新区と市街南部
004 薊県と清東陵

【上海 - まちごとチャイナ】

001 はじめての上海
002 浦東新区
003 外灘と南京東路
004 淮海路と市街西部
005 虹口と市街北部
006 上海郊外（龍華・七宝・松江・嘉定）
007 水郷地帯（朱家角・周荘・同里・甪直）

【河北省 - まちごとチャイナ】

001 はじめての河北省
002 石家荘
003 秦皇島
004 承徳
005 張家口
006 保定
007 邯鄲

【江蘇省 - まちごとチャイナ】

001 はじめての江蘇省
002 はじめての蘇州
003 蘇州旧城
004 蘇州郊外と開発区
005 無錫
006 揚州
007 鎮江
008 はじめての南京
009 南京旧城
010 南京紫金山と下関
011 雨花台と南京郊外・開発区
012 徐州

【浙江省 - まちごとチャイナ】

001 はじめての浙江省
002 はじめての杭州
003 西湖と山林杭州
004 杭州旧城と開発区
005 紹興
006 はじめての寧波
007 寧波旧城
008 寧波郊外と開発区
009 普陀山
010 天台山
011 温州

【福建省 - まちごとチャイナ】

001 はじめての福建省
002 はじめての福州
003 福州旧城
004 福州郊外と開発区
005 武夷山
006 泉州
007 厦門
008 客家土楼

【広東省 - まちごとチャイナ】

001 はじめての広東省
002 はじめての広州
003 広州古城
004 天河と広州郊外
005 深圳(深セン)
006 東莞
007 開平(江門)
008 韶関
009 はじめての潮汕
010 潮州
011 汕頭

【遼寧省 - まちごとチャイナ】

001 はじめての遼寧省
002 はじめての大連
003 大連市街
004 旅順
005 金州新区

006 はじめての瀋陽
007 瀋陽故宮と旧市街
008 瀋陽駅と市街地
009 北陵と瀋陽郊外
010 撫順

【重慶 - まちごとチャイナ】

001 はじめての重慶
002 重慶市街
003 三峡下り（重慶〜宜昌）
004 大足

【香港 - まちごとチャイナ】

001 はじめての香港
002 中環と香港島北岸
003 上環と香港島南岸
004 尖沙咀と九龍市街
005 九龍城と九龍郊外
006 新界
007 ランタオ島と島嶼部

【マカオ - まちごとチャイナ】

001 はじめてのマカオ
002 セナド広場とマカオ中心部
003 媽閣廟とマカオ半島南部
004 東望洋山とマカオ半島北部
005 新口岸とタイパ・コロアン

【Juo-Mujin（電子書籍のみ）】

Juo-Mujin 香港縦横無尽
Juo-Mujin 北京縦横無尽
Juo-Mujin 上海縦横無尽

【自力旅游中国 Tabisuru CHINA】

001 バスに揺られて「自力で長城」
002 バスに揺られて「自力で石家荘」
003 バスに揺られて「自力で承徳」
004 船に揺られて「自力で普陀山」
005 バスに揺られて「自力で天台山」
006 バスに揺られて「自力で秦皇島」
007 バスに揺られて「自力で張家口」
008 バスに揺られて「自力で邯鄲」
009 バスに揺られて「自力で保定」
010 バスに揺られて「自力で清東陵」
011 バスに揺られて「自力で潮州」
012 バスに揺られて「自力で汕頭」
013 バスに揺られて「自力で温州」

【車輪はつばさ】
南インドのアイラヴァテシュワラ寺院には建築本体に車輪がついていて寺院に乗った神さまが人びとの想いを運ぶと言います。

・本書はオンデマンド印刷で作成されています。
・本書の内容に関するご意見、お問い合わせは、発行元の
　まちごとパブリッシング info@machigotopub.com までお願いします。

まちごとチャイナ
香港005九龍城と九龍郊外
〜香港人の生活が息づく「路上」[モノクロノートブック版]

2017年11月14日　発行

著　者	「アジア城市（まち）案内」制作委員会
発行者	赤松　耕次
発行所	まちごとパブリッシング株式会社
	〒181-0013　東京都三鷹市下連雀4-4-36
	URL http://www.machigotopub.com/
発売元	株式会社デジタルパブリッシングサービス
	〒162-0812　東京都新宿区西五軒町11-13
	清水ビル3F
印刷・製本	株式会社デジタルパブリッシングサービス
	URL http://www.d-pub.co.jp/

MP107

ISBN978-4-86143-241-5 C0326　　　Printed in Japan
本書の無断複製複写（コピー）は、著作権法上での例外を除き、禁じられています。